Roy Publicae

Souverän - ein Mosaik

Roy Publicae

Souverän - ein Mosaik

zur Befreiung Deutschlands

Dictus Publishing

Imprint

Any brand names and product names mentioned in this book are subject to trademark, brand or patent protection and are trademarks or registered trademarks of their respective holders. The use of brand names, product names, common names, trade names, product descriptions etc. even without a particular marking in this work is in no way to be construed to mean that such names may be regarded as unrestricted in respect of trademark and brand protection legislation and could thus be used by anyone.

Cover image: www.ingimage.com

Publisher:
Dictus Publishing
is a trademark of
International Book Market Service Ltd., member of OmniScriptum Publishing Group
17 Meldrum Street, Beau Bassin 71504, Mauritius
Printed at: see last page
ISBN: 978-613-7-35096-6

Inhaltsverzeichnis:

I. Vorwort:

„!!! FREIHEIT

BEKOMMT MAN

NICHT GESCHENKT –

SIE MUSS STÄNDIG

NEU ERRUNGEN

WERDEN !!!“ [1]

---

[1] https://gelberschein.net/erprobtes; https://gelberschein.net/historisches; https://gelberschein.net/?page=9

II. Einstieg:

„Wir begrüßen alle Deutschen mit und ohne Staatsangehörigkeit, unsere ausländischen Freunde sowie inländische und ausländische Mitstreiter, die lieber im Geheimen forschen wollen sehr herzlich.“[2]

„Rein juristisch gesehen hat sich die Situation seit 1914 nicht mehr verändert. Das Reichs- und Staatsangehörigkeitsgesetz in seiner Fassung vom 22. Juli 1913 ist unverändert gültig. Dies ist keine persönliche Meinung sondern eine Tatsache, die durch zahlreiche und zum Teil sogar höchstrichterliche Entscheidungen belegt ist. Die Aktualisierungen ergeben sich durch immer neue Fundstücke, Dokumente, Erfahrungswerte, Äußerungen von Politikern etc., die unsere Erkenntnisse belegen und das Mosaik immer deutlicher werden läßt.“ [3]

---

[2] https://gelberschein.net/startseite; https://gelberschein.net/?page=1
[3] https://gelberschein.net/startseite; https://gelberschein.net/?page=1

„Mit einer Staatsangehörigkeit werden Sie zum Souverän. In Deutschland immer noch eingeschränkt (durch das nach wie vor gültige Besatzungsstatut), aber Sie haben damit den Schritt heraus aus der Staatenlosigkeit getan. Wenn Sie sich davor fürchten die Folgen zu tragen - in erster Linie umfassende Verantwortung für sich zu übernehmen - dann sollten Sie lieber im Sklavenstatus mit Vollversorgung bleiben. Sie bezahlen schließlich dafür... und zwar jeden Tag mehr! Wenn Sie sich jedoch eingehend mit der Thematik beschäftigt haben werden Sie feststellen, daß wir Deutsche nicht nur unsere "Angelegenheiten" damit in Ordnung bringen, sondern die Friedensstifter für die ganze Welt sein können.

Lassen Sie uns damit beginnen... Sofort!“ [4]

[4] https://gelberschein.net/startseite; https://gelberschein.net/?page=1

III. **Videos:**

1. „Staatsangehörigkeit `DEUTSCH´ - Wie die BRD versucht uns staatenlos zu machen - Reiner Oberüber“: [5]

„In diesem Vortrag erläutert Reiner Oberüber wie die BRD versucht uns staatenlos zu machen damit sie uns wiederum `verwalten´ kann, indem sie uns Personalausweise ausstellt. Dies ist nämlich das übliche Prozedere wenn man staatenlos ist.

Um diese Tatsachen zu verstehen ist es wichtig einen Blick in die Geschichte Deutschlands zu werfen. Wußte doch bereits Hitler, daß er das Völkerrecht nicht einfach mit neuen Gesetzen umgehen kann und erließ stattdessen lediglich `Verordnungen´.

---

5 https://gelberschein.net/startseite; https://gelberschein.net/?page=1; https://gelberschein.net/historisches; https://gelberschein.net/?page=2

Gesetzlich manifestiert wurde die verordnete Staatenlosigkeit aller `Reichsbürger´ erst im Jahre 1999 durch die Schröderregierung, welche die Verordnung Hitlers zum Gesetz machte.“ [6]

[6] https://gelberschein.net/startseite; https://gelberschein.net/?page=1; https://gelberschein.net/historisches; https://gelberschein.net/?page=2

2. „Konkrete Schritte zum `Gelben Schein´...“: [7]

„In diesem Vortrag zeigt Reiner Oberüber den konkreten Weg zum Staatsangehörigkeitsausweis.

In den 9 beschriebenen Schritten werden die notwendigen Dokumente gezeigt und wie man sie bekommt. Auch Tip[p]s zum Umgang mit widerspenstigen Behördenmitarbeitern werden angesprochen. Und es geht um die Frage, welche Urkunde es nun sein soll: Staatsangehörigkeitsausweis oder Rechtsstellung als Deutscher.“ [8]

[7] https://gelberschein.net/praktisches; https://gelberschein.net/?page=3
[8] https://gelberschein.net/praktisches; https://gelberschein.net/?page=3

3. Kulturstudio Spezial – Staatsangehörigkeit, was tun? Alle Infos ...:[9]

„In dieser Sendung befassen wir uns mit dem Thema Staatsangehörigkeit. Bitte beachten: Es geht hier um die Staatsangehörigkeit, NICHT um die Staatsbürgerschaft! Aufgrund der vielen Videos im Netz, die sehr widersprüchlich und verwirrend sind, haben wir alles in eine chronologische Reihenfolge gebracht.“[10]

[9] Kulturstudio Spezial vom 14.01.2014, https://gelberschein.net/praktisches; https://gelberschein.net/?page=3

[10] Kulturstudio Spezial vom 14.01.2014, https://gelberschein.net/praktisches; https://gelberschein.net/?page=3

4. Kulturstudio Klartext Nr. 86 – Staatsangehörigkeit: Fragen & Antworten: [11]

„Unser Kulturstudio Spezial zum Thema Staatsangehörigkeit hat widererwarten doch noch einige Fragen aufgeworfen. Die Staatsangehörigkeit ist aus unserer Sicht ein Schlüsselthema und bietet große Chancen. Wir möchten in dieser Sendung noch einmal auf Fragen und Anmerkungen der Leser und Zuschauer eingehen.“ [12]

[11] Kulturstudio Spezial vom 23.01.2014, https://gelberschein.net/praktisches; https://gelberschein.net/?page=3

[12] Kulturstudio Spezial vom 23.01.2014, https://gelberschein.net/praktisches; https://gelberschein.net/?page=3

5. „Deutsche Mitte verzichtet auf nachgewiesene Deutsche!“: [13]

„Wählt mich zum Lagerverwalter... dann bleibt alles wie es ist, versprochen!“ [14]

6. „Merkel wirft BRD Fahne weg!“: [15]

[13] https://gelberschein.net/(ein)gestaendnisse; https://gelberschein.net/?page=6
[14] https://gelberschein.net/(ein)gestaendnisse; https://gelberschein.net/?page=6

„Die Bundeskanzlerin / Geschäftsführerin der bundesrepublikanischen Treuhandverwaltung, Frau Dr.(?) Angela Merkel (CDU), verbannt das eigene Firmenbanner / die Handelsflagge des völkerrechtlich existierenden und durch diese Verwaltung überdeckten Staatenbundes mit seinen einzelnen Bundesstaaten, nach dem `Gewinn´ der illegal abgehaltenen sog. Bundestagswahl 2013, sichtlich angewidert von der Bühne.“ [16]

[15] https://gelberschein.net/(ein)gestaendnisse; https://gelberschein.net/?page=6
[16] https://gelberschein.net/(ein)gestaendnisse; https://gelberschein.net/?page=6

7. „Das Besatzungsstatus gilt noch immer !!! Gregor Gysi am 08.08.2013“: [17]

„Unglaublich, aber wahr!“ **[18]**

[17] https://gelberschein.net/(ein)gestaendnisse; https://gelberschein.net/?page=6
[18] https://gelberschein.net/(ein)gestaendnisse; https://gelberschein.net/?page=6

8. „Schäuble – Deutschland seit 1945 nicht souverän!“:[19]

„Die inzwischen sehr bekannte Aussage von Wolfgang Schäuble (CDU) im Rahmen des European Banking Congress (EBC) aus dem Jahre 2011.“ [20]

9. „Horst Seehofer sagt die Wahrheit“: [21]

[19] https://gelberschein.net/(ein)gestaendnisse; https://gelberschein.net/?page=6
[20] https://gelberschein.net/(ein)gestaendnisse; https://gelberschein.net/?page=6

„Wenn Wahlen etwas ändern würden, wären sie verboten..." [22]

10. „Deutschland ist NICHT souverän - Gregor

[21] https://gelberschein.net/(ein)gestaendnisse; https://gelberschein.net/?page=6
[22] https://gelberschein.net/(ein)gestaendnisse; https://gelberschein.net/?page=6

Gysi (DIE LINKE)“: [23]

„Gregor Gysi (DIE LINKE) erklärt, daß Deutschland aufgrund von Geheimverträgen nicht souverän ist und Peter Altmaier (CDU) antwortet darauf, es gäbe solche Abkommen nicht mehr und sie werden auch nicht mehr praktiziert. Das lassen wir einfach mal unkommentiert so stehen...“ [24]

[23] https://gelberschein.net/(ein)gestaendnisse; https://gelberschein.net/?page=6
[24] https://gelberschein.net/(ein)gestaendnisse; https://gelberschein.net/?page=6

11. „Deutschland nicht souverän, Alliierte haben Sonderrechte!“: [25]

„Ausschnitt aus einem Bericht des ZDF-Magazins frontal21.“ [26]

[25] https://gelberschein.net/(ein)gestaendnisse; https://gelberschein.net/?page=6
[26] https://gelberschein.net/(ein)gestaendnisse; https://gelberschein.net/?page=6

12. „Ulrich Maurer (DIE LINKE) – Deutschland ist kein souveränes Land“: [27]

[ohne Untertitel] [28]

[27] https://gelberschein.net/(ein)gestaendnisse; https://gelberschein.net/?page=6
[28] https://gelberschein.net/(ein)gestaendnisse; https://gelberschein.net/?page=6

13. „Deutschland ist eine Kolonie der USA“: [29]

„Der russische Abgeordnete Evgeny Fedorov, Mitglied der Staatsduma und hochrangiger Funktionär der Regierungspartei von Präsident Wladimir Putin bestätigt: Deutschland ist bis heute von den USA besetzt, nach wie vor nicht souverän und im Grunde nichts anderes als eine Kolonie der USA. Mit einigen Worten werden auch wir - die deutsche Befreiungsbewegung - angesprochen.“ [30]

[29] https://gelberschein.net/(ein)gestaendnisse; https://gelberschein.net/?page=6
[30] https://gelberschein.net/(ein)gestaendnisse; https://gelberschein.net/?page=6

14. „BRD, illegal!“: [31]

„Eine kleine Zusammenstellung von Aussagen einiger bundesrepublikanischer Politiker, des amerikanischen Politaktivisten Lynden LaRouche, des Präsidenten des sog. Bundesverfassungsgerichts Andreas Voßkuhle zur `Verfassungs-´ bzw. Grundgesetzwidrigkeit des Bundeswahlgesetzes, sowie des britischen EU-Parlamentsmitglieds Nigel Farage.“ [32]

[31] https://gelberschein.net/(ein)gestaendnisse; https://gelberschein.net/?page=6
[32] https://gelberschein.net/(ein)gestaendnisse; https://gelberschein.net/?page=6

15. „Deutsches Reich NICHT untergegangen – Theo Waigel“: [33]

„Bericht der Tagesschau über die von Theo Waigel (CSU), dem damaligen Bundesminister der Finanzen gehaltene Rede auf dem Deutschland-Treffen der Schlesier in Hannover im Juli des Jahres 1989, kurz vor dem Mauerfall.“ [34]

---

[33] https://gelberschein.net/(ein)gestaendnisse; https://gelberschein.net/?page=6
[34] https://gelberschein.net/(ein)gestaendnisse; https://gelberschein.net/?page=6

16. **„Besatzer Treuhand auf dem Rückzug – verbrannte Erde“:** [35]

„Den Verwesungsgeruch der Bundesrepublik kann man schon sehr deutlich wahrnehmen.“ [36]

17. **„Begriffsbestimmung – Deutsches Reich –**

[35] https://gelberschein.net/aktuelles; https://gelberschein.net/?page=4
[36] https://gelberschein.net/aktuelles; https://gelberschein.net/?page=4

identisch – BRvD?“: [37]

„Deutscher Bundestag - Völkerrechtssubjekt "Deutsches Reich" Auswärtiges/Antwort - 30.06.2015 (hib 340/2015) https://www.bundestag.de/presse/hib/2015_06/-/380964

Reichsbürger 5 Thesen - BRD GmbH, Deutsches Reich, Staat, Souveränität, Personal | Herr Anwalt https://www.youtube.com/watch?v=1DGCZDK9BL4&lc=z23ec34ylur1czychacdp432yjnupkzokkji1ksyoylw03c010c.1542062862786787“ [38]

[37] https://gelberschein.net/aktuelles; https://gelberschein.net/?page=4
[38] https://gelberschein.net/aktuelles; https://gelberschein.net/?page=4

18. „Deutschland vs. Bundesrepublik“: [39]

„Es gibt tatsächlich auch ein positives Beispiel! VL - Staunen am Steinplatz | AKTIVISMUS“ [40]

[39] https://gelberschein.net/aktuelles; https://gelberschein.net/?page=4
[40] https://gelberschein.net/aktuelles; https://gelberschein.net/?page=4

19. „Aktion Ausländerbehörde 21.08.2018, Prenzliner Runde“: [41]

„`Noch sitzt ihr da oben, ihr feigen Gestalten. Vom Feinde bezahlt, dem Volke zum Spott. Doch einst wird wieder Gerechtigkeit walten, dann richtet das Volk. Dann gnade Euch Gott!´

Theodor Körner

Liebe Bedienstete verstehen Sie die Worte von Theodor Körner nicht als Drohung, sondern als Versprechen.

An die bewaffneten Optiker und Schreibwarenhändler oder Karton und Kartonage, das war Strafvereitelung im Amt!“ [42]

[41] https://gelberschein.net/aktuelles; https://gelberschein.net/?page=4
[42] https://gelberschein.net/aktuelles; https://gelberschein.net/?page=4

20. „Prenzliner Runde – Situation in Mecklenburg, Schwerin und Strelitz": [43]

„Vortrag über die Situation in Mecklenburg Schwerin und Strelitz" [44]

[43] https://gelberschein.net/aktuelles; https://gelberschein.net/?page=4
[44] https://gelberschein.net/aktuelles; https://gelberschein.net/?page=4

21. „Welle der Aufklärung läuft durch unser Land – Prenzliner Runde Mai 2018“:[45]

„Vortrag Unterschied Mensch - natürliche Person - juristische Person

Wichtige Verweise aus dem Vortrag:

Personalausweisverordnung – PauswV §28

Handelsgesetzbuch – HGB - § 17

Einführungsgesetz zum Bürgerlichen Gesetzbuche - EGBGB Art. 5 - Personalstatut

Einführungsgesetz zum Bürgerlichen Gesetzbuche - EGBGB Art. 6 - Öffentliche Ordnung (ordre public)

Einführungsgesetz zum Bürgerlichen Gesetzbuche - EGBGB Art. 7 - Rechtsfähigkeit und Geschäftsfähigkeit

Einführungsgesetz zum Bürgerlichen Gesetzbuche - EGBGB Art. 10 - Name

Einführungsgesetz zum Bürgerlichen Gesetzbuche - EGBGB

[45] https://gelberschein.net/aktuelles; https://gelberschein.net/?page=4

Art. 50 - Verhältnis des Bürgerlichen Gesetzbuchs zu den Reichsgesetzen

Grundgesetz für die Bundesrepublik Deutschland - Art 116“ [46]

[46] https://gelberschein.net/aktuelles; https://gelberschein.net/?page=4

22. „1 Stunde Videomaterial in 4 Teilen zum Ausbildungsberuf REICHSBÜRGER“: [47]

„Ausbildungsbeginn jeden Freitag ab 19:00 Uhr“ [48]

[47] https://gelberschein.net/aktuelles; https://gelberschein.net/?page=4
[48] https://gelberschein.net/aktuelles; https://gelberschein.net/?page=4

23. „London: Wut auf Behörden“: [49]

„London: Wut auf Behörden nach verheerendem Wohnhausbrand kocht über - Mob stürmt Rathaus“ [50]

[49] https://gelberschein.net/aktuelles; https://gelberschein.net/?page=4
[50] https://gelberschein.net/aktuelles; https://gelberschein.net/?page=4

24. „Hausdurchsuchung! Frank Rennicke & Axel Schlimper“: [51]

„Original Video: Hausdurchsuchung! Frank Rennicke im Gespräch mit Axel Schlimper“ [52]

[51] https://gelberschein.net/aktuelles; https://gelberschein.net/?page=4
[52] https://gelberschein.net/aktuelles; https://gelberschein.net/?page=4

25. „Dienst ist Dienst und Straftat ist Straftat“: [53]

„Wer es nicht mit eigenen Ohren hört, der wird es nicht für möglich halten, mit welch krimineller Energie der eine oder andere Bedienstete seinen Dienst am Volk verrichtet...

Noch sitzt ihr da oben, ihr feigen Gestalten...“ [54]

[53] https://gelberschein.net/aktuelles; https://gelberschein.net/?page=4
[54] https://gelberschein.net/aktuelles; https://gelberschein.net/?page=4

26. „So geht Bildung – Studenten bekommen Lektionen in Okkupation“: [55]

„**Jewgeni Alexejewitsch Fjodorow**, geb. am 11. Mai 1963 in Leningrad, Russische SFSR, Sowjetunion) ist ein russischer Politiker, Abgeordneter der Staatsduma der Föderalen Versammlung der Russischen Föderation, Mitglied des Staatsduma-Ausschusses für Haushalt und Steuern, Mitglied des zentralen politischen Rates der Partei Einiges Russland, wirklicher Staatsrat der Russischen Föderation, Kandidat der Wirtschaftswissenschaften, Koordinator der Organisation `Nationale Befreiungsbewegung´.“[56]

[55] https://gelberschein.net/aktuelles; https://gelberschein.net/?page=4
[56] https://gelberschein.net/aktuelles; https://gelberschein.net/?page=4

27. „Die eigentlichen Ziele von Putin – und wie die USA sie torpedieren“: [57]

[ohne Untertitel] [58]

[57] https://gelberschein.net/aktuelles; https://gelberschein.net/?page=4
[58] https://gelberschein.net/aktuelles; https://gelberschein.net/?page=4

28. „Politische Verfolgung in der BRD“: [59]

„Wichtige Informationen für alle Verwaltungsbediensteten, `Amtsträger´, Politiker und Journalisten der Bundesrepublik in Deutschland

Seien Sie darauf aufmerksam gemacht, dass das deutsche Volk gemäß UN-Charta Artikel 53 und 73 von der Staatengemeinschaft als Feind entmündigt und seiner Souveränität beraubt wurde. Die Bundesrepublik in Deutschland wurde gemäß UN-Charta Artikel 107 und Grundgesetz Artikel 133 als Treuhand-Verwaltung für das von den Alliierten besetzte und mangels Organen derzeit nicht handlungsfähige Deutsche Reich eingesetzt.

Es sei besonders darauf hingewiesen, dass der am 31. Juli 1914 verkündete Belagerungszustand (vgl. Art 68 der

---

[59] https://gelberschein.net/aktuelles; https://gelberschein.net/?page=4

Verfassung des Deutschen Reiches vom 16. April 1871 in seiner letzten gültigen Fassung vom 29. Oktober 1918 sowie das gültige preußische Gesetz über den Belagerungszustand vom 4. Juni 1851 zu keinem Zeitpunkt legitim außer Kraft gesetzt wurde.

Informieren Sie sich, über die Sie betreffenden Auswirkungen!

Noch ist Zeit zum Reden. Lassen Sie diese Zeit nicht verstreichen!

VERFASSUNG DES DEUTSCHEN REICHES VOM 16. APRIL 1871

PREUSSISCHE GESETZ ÜBER DEN BELAGERUNGSZUSTAND VOM 4. JUNI 1851"[60]

[60] https://gelberschein.net/aktuelles; https://gelberschein.net/?page=4

29. „Änderung des StAG“: [61]

„StAG 33 Abs. 3

BGBl Teil 1 Nr.48 14.10.2016

VwVfG §37 Abs. 2

NACHTRAG!

Seit der Änderung des § 33 StAG vom 01.11.2016 wird der Eintrag des Erwerbsgrundes unserem Kenntnisstand nach nicht mehr vorgenommen wie bisher! Der Eintrag beschränkt sich seither nur noch auf die Angabe: *Geburt (Abstammung).*“ [62]

[61] https://gelberschein.net/aktuelles; https://gelberschein.net/?page=4

[62] https://gelberschein.net/aktuelles; https://gelberschein.net/?page=4

30. „Du bist Reichsbürger?": [63]

[ohne Untertitel] [64]

[63] https://gelberschein.net/aktuelles; https://gelberschein.net/?page=4

[64] https://gelberschein.net/aktuelles; https://gelberschein.net/?page=4

31. „Staatsangehörigkeitsausweis – Spezial“: [65]

„BVerfGG § 31

(1) Die Entscheidungen des Bundesverfassungsgerichts binden die Verfassungsorgane des Bundes und der Länder sowie alle Gerichte und Behörden.

BVerfGE 77, 137 - Teso Abschnitt 22

Der Beschwerdeführer war zum entscheidungserheblichen Zeitpunkt deutscher Staatsangehöriger im Sinne des Grundgesetzes. Die Ablehnung der Feststellung seiner deutschen Staatsangehörigkeit wirkt sich wie eine Entziehung der Staatsangehörigkeit aus (vgl. BVerwG DÖV 1967, S. 94 f.).

Grundgesetz für die Bundesrepublik Deutschland Art. 16

(1) Die deutsche Staatsangehörigkeit darf nicht entzogen werden. Der Verlust der Staatsangehörigkeit darf nur auf Grund eines Gesetzes und gegen den Willen des Betroffenen nur dann eintreten, wenn der Betroffene dadurch nicht staatenlos wird.

[65] https://gelberschein.net/aktuelles; https://gelberschein.net/?page=4

Verwaltungsgerichtsordnung (VwGO) §1

Die Verwaltungsgerichtsbarkeit wird durch unabhängige, von den Verwaltungsbehörden getrennte Gerichte ausgeübt.

Liebe willfährige Erfüllungsgehilfen und vermutliche Straftäter,

auch ohne weiteren Kommentar und etwas Selbstreflektion sollte klar sein, wer nach der Definition der BRvD, die Reisbürger sind. Von den Bundesstaatenangehörigen ist auch in den Ausführungen des MdI nichts zu lesen.

Es ist jetzt also Ihre End[t]scheidung ob Sie das Schicksal der Mauerschützen von 1990 teilen. Ausflüchte werden Ihnen dann nicht helfen.“ [66]

[66] https://gelberschein.net/aktuelles; https://gelberschein.net/?page=4

32. „Die, die nur ihren Job machen …“:[67]

„Eine wunderbare und für sich selbst sprechende Beschreibung des Charakters derjenigen, \`die nur ihren Job machen...´!

Ergänzende Details sind auf dieser Weltnetzseite zur genüge zu finden...

Aber eine Frage hätten wir dann doch noch an euch, liebe \`nur euren Job machende´ Bedienstete:

Nürnberg 2.0 – Sind Sie dabei?“[68]

[67] https://gelberschein.net/aktuelles; https://gelberschein.net/?page=4
[68] https://gelberschein.net/aktuelles; https://gelberschein.net/?page=4

33. „GelberSchein ab sofort auch auf Youtube!“: [69]

„Die jüngsten Ereignisse haben uns, das Aktionsbündnis gelberschein.net dazu veranlaßt, nun auch einen eigenen Youtube-Kanal zu eröffnen, auf dem künftig sämtliche Eigenproduktionen des Aktionsbündnisses veröffentlicht werden:

AKTIONSBÜNDNIS GELBERSCHEIN.NET

DAS ORIGINAL!

ALLES ANDERE IST KALTER (DIENST-)KAFFEE!

P.S.: Kurz nach Veröffentlichung unseres Kanals haben die mutmaßlichen Dienste bereits abermals reagiert und einen weiteren Kanal unter GLEICHEM NAMEN und mit dem gleichen Logo eröffnet! Uns, das Original finden Sie wie

[69] https://gelberschein.net/aktuelles; https://gelberschein.net/?page=4

gesagt AUSSCHLIESSLICH unter oben angegebener Kanal-Verknüpfung!"[70]

[70] https://gelberschein.net/aktuelles; https://gelberschein.net/?page=4

34. „Alberne Pseudo Aufklärung“: [71]

„Es geht doch nichts über ein reinigendes Metallaub-Gewitter...

:-)“ [72]

[71] https://gelberschein.net/aktuelles; https://gelberschein.net/?page=4
[72] https://gelberschein.net/aktuelles; https://gelberschein.net/?page=4

35. „Mensch versus Person": [73]

„Alexander Wagandt beleuchtet in seiner gewohnt eloquenten Art die Begriffe "Mensch" & "Person", zeigt Unterschiede auf und gibt hilfreiche Hinweise zu deren Bedeutung." [74]

[73] https://gelberschein.net/wertvolles; https://gelberschein.net/?page=5
[74] https://gelberschein.net/wertvolles; https://gelberschein.net/?page=5

36. „Peter PANs Geheimnis – Armeslängeprinzip im KOMMERZ“: [75]

„Viele Filmproduktionen beinhalten wertvolle Informationen, siehe z.B. „Matrix“, „In Time“, „Herr der Ringe“ etc. und so sahen wir kürzlich in unserer kleinen Schaffenspause den Film PAN, eine Neuverfilmung aus 2015 des bekannten Märchen Peter Pan. Welche spannende Botschaft darin versteckt wurde, wirst du hier in unserem Beitrag erfahren... wir wünschen gute Unter-Haltung“ [76]

[75] https://gelberschein.net/wertvolles; https://gelberschein.net/?page=5
[76] https://gelberschein.net/wertvolles; https://gelberschein.net/?page=5

37. „Menschen und Personen – Die Serie – Warum der Mensch keinen Namen trägt“:[77]

„Sowohl der Titel, als auch das Video an sich, sind selbsterklärend...

Eine Einführung als Vorgeschmack auf die eigentliche Serie zum Thema `Menschen und Personen´, komprimiert in knapp 11 Minuten!“[78]

[77] https://gelberschein.net/wertvolles; https://gelberschein.net/?page=5

[78] https://gelberschein.net/wertvolles; https://gelberschein.net/?page=5

38. „Menschen und Personen – Die Serie – Leben im Märchen“:[79]

„Dieses Video gibt einen Einblick in die Sprache der Juristen und zeigt auf, wie wir Menschen zu Personen gemacht wurden und wie wir uns damit identifizieren (lassen). Es geht um den Sprung in ein anderes Bewußtsein und die Begründung der `Wahrheit´. Hier geht es nicht um die Auslegung von Gesetzestexten, sondern um die eindeutige Definition der in den Gesetzestexten und Verwaltungsakten benutzten Begriffe. Dieser Film soll helfen, daß wir uns alle wieder näher kommen und gemeinsam das System überdenken. Es geht nicht um Schuldzuweisung oder Vergeltung, sondern vielmehr darum, daß wir alle im selben Boot sitzen.“[80]

[79] https://gelberschein.net/wertvolles; https://gelberschein.net/?page=5
[80] https://gelberschein.net/wertvolles; https://gelberschein.net/?page=5

39. „Menschen und Personen – Die Serie – Warum der Mensch keinen Namen trägt“: [81]

„Dieses Video ist die Fortsetzung von Menschen und Personen (1) - Leben im Märchen. Dieses Mal durchleuchte ich die Fiktion auf der Suche nach Menschen und decke dabei einen unglaublichen, die ganze Menschheit betreffenden, Betrug auf. Aber .... nicht den Kopf hängen lassen, denn das System hält auch eine Lösung bereit!“ [82]

[81] https://gelberschein.net/wertvolles; https://gelberschein.net/?page=5
[82] https://gelberschein.net/wertvolles; https://gelberschein.net/?page=5

40. „Menschen und Personen – Die Serie – Warum der Mensch keinen Namen trägt“: [83]

„Dieses ist der dritte Teil rund um das Thema Menschen und Personen. Noch einmal wird die Manipulation der Emotionen beleuchtet und ein möglicher Ausweg aufgezeigt.“ [84]

[83] https://gelberschein.net/wertvolles; https://gelberschein.net/?page=5
[84] https://gelberschein.net/wertvolles; https://gelberschein.net/?page=5

41. „Menschen und Personen – Die Serie – Warum der Mensch keinen Namen trägt“: [85]

„Im vierten geht es um eine mögliche Lösung, die WIR ALLE mit [L]eben füllen müssen, damit es funktioniert. Prüft bitte alle Angaben selbst noch einmal nach. Auch wenn das Video ziemlich lang ist, lohnt es sich aus unserer Sicht durchzuhalten.“ [86]

[85] https://gelberschein.net/wertvolles; https://gelberschein.net/?page=5
[86] https://gelberschein.net/wertvolles; https://gelberschein.net/?page=5

42. „Ist das GG der Wolf im Schafspelz?“: [87]

„Der neue Serien-Hit... vom Volk fürs Volk!“ [88]

[87] https://gelberschein.net/wertvolles; https://gelberschein.net/?page=5
[88] https://gelberschein.net/wertvolles; https://gelberschein.net/?page=5

43. „Ich bin ein Rheinländer – Eberhard Chors“: [89]

[ohne Untertitel] [90]

[89] https://gelberschein.net/wertvolles; https://gelberschein.net/?page=5
[90] https://gelberschein.net/wertvolles; https://gelberschein.net/?page=5

44. „Berlin und der Sonderstatus": [91]

[ohne Untertitel] [92]

[91] https://gelberschein.net/wertvolles; https://gelberschein.net/?page=5
[92] https://gelberschein.net/wertvolles; https://gelberschein.net/?page=5

45. „WIR schaffen das NICHT!“: [93]

„Einige Betrachtungsweisen ergeben sich hier selbstverständlich bewußt aus Sicht der BRvD heraus und auch die eine oder andere Argumentationskette bezieht sich beispielsweise auf das bundesrepublikanische Grundgesetz. Daß die wahrhaftigen - also staats- und völkerrechtlich GÜLTIGEN Verhältnisse - noch einmal etwas andere sind, sollte jedem aufmerksamen Leser dieser Weltnetzseite jedoch inzwischen klar sein...“ [94]

---

[93] https://gelberschein.net/wertvolles; https://gelberschein.net/?page=5
[94] https://gelberschein.net/wertvolles; https://gelberschein.net/?page=5

46. „Treffe Deinen Strohmann, oder: Wie die Regierung Dich täuscht …“:[95]

„Ein weiterer, äußerst gelungener Versuch die Sachverhalte um den hier vorherrschenden \`Personen-Kult´ nachvollziehbar darzustellen. Wir werden von vornherein darauf konditioniert, uns mit einer - noch dazu für uns nachteiligen - (jur.) Person zu identifizieren. So funktioniert der Trick!

Ja, ob man es nun glauben mag oder nicht, es ist tatsächlich so einfach... Vielen Dank an die Künstler!“ [96]

[95] https://gelberschein.net/wertvolles; https://gelberschein.net/?page=5
[96] https://gelberschein.net/wertvolles; https://gelberschein.net/?page=5

47. „Was ist das Deutsche Reich?“: [97]

„Eine kurze aber umso prägnantere Beschreibung, was genau das Deutsche Reich ist und woraus es besteht.“ [98]

[97] https://gelberschein.net/wertvolles; https://gelberschein.net/?page=5
[98] https://gelberschein.net/wertvolles; https://gelberschein.net/?page=5

48. „Unser Staat?“: [99]

„Dieses Video ist eine sehr gelungene Darstellung der tatsächlichen Verhältnisse rund um unseren sog. `Staat´! Auch die Frage wer oder was der Bund ist wird erörtert.

Darüber hinaus wird ebenfalls die für uns relevante und immer wieder mal auftretende Problematik, die Antragsbearbeitung zur Feststellung der Staatsangehörigkeit zu verweigern, lösungsorientiert angesprochen:

EUROPÄISCHES ÜBEREINKOMMEN ÜBER DIE STAATSANGEHÖRIGKEIT

Artikel 10 - Bearbeitung der Anträge

Jeder Vertragsstaat stellt sicher, daß Anträge auf Erwerb, Beibehaltung, Verlust, Wiedererwerb oder Bestätigung der Staatsangehörigkeit in angemessener Zeit bearbeitet werden.

Die am Schluß des Videos offen gelassenen Fragen nach

[99] https://gelberschein.net/wertvolles; https://gelberschein.net/?page=5

Volk und Verfassung erlauben wir uns nachfolgend zu beantworten:

WIR SIND DAS VOLK - DIE NACHGEWIESENEN BUNDESSTAATSANGEHÖRIGEN, WELCHE SICH ZU DEN JEWEILIGEN VERFASSUNGEN IHRER BUNDESSTAATEN UND DER GÜLTIGEN VERFASSUNG VON 1871 DES NACH WIE VOR EXISTIERENDEN VÖLKERRECHTSSUBJEKTES BEKANNT HABEN!

Bislang lediglich `vermutetes PERSONAL´ ist aus juristischer Sicht eindeutig KEIN Teil eines Staatsvolkes, sondern gehört bestenfalls zum Inventar, also zur buchstäblichen Verfügungsmasse... und bald dann auch zur gegenständlichen Insolvenzmasse..." [100]

[100] https://gelberschein.net/wertvolles; https://gelberschein.net/?page=5

49. „Das völkerrechtliche Subjekt – Das Deutsche Reich oder die unauflöslichen Rechte der Deutschen“: [101]

„Dem ist als grundsätzliche Zusammenfassung nichts hinzuzufügen!“ [102]

[101] https://gelberschein.net/wertvolles; https://gelberschein.net/?page=5
[102] https://gelberschein.net/wertvolles; https://gelberschein.net/?page=5

50. „Unterschrift `Im Auftrag´“:[103]

„Machen Sie sich doch auch mal einen Spaß mit den Behörden und `unterschreiben´ Sie kreativ, z.B. so oder so ähnlich:

Im Auftrag

der Menschlichkeit, des Friedens, der Freiheit, der Gerechtigkeit und des eigenen Gewissens

Zutreffendes, bzw. was Ihrer Einschätzung nach am ehesten zutrifft, bitte selbst ankreuzen:

O Dieses Schreiben wurde maschinell erstellt und ist auch ohne Unterschrift gültig.

O Dieses Schreiben wurde maschinell erstellt und ist ohne Unterschrift ungültig.

O Dieses Schreiben wurde maschinell erstellt und ist daher nur ohne Unterschrift gültig.

[103] https://gelberschein.net/wertvolles; https://gelberschein.net/?page=5

O Dieses Schreiben wurde von einem Menschen mit Hilfe einer Maschine erstellt und ist ohne Unterschrift nur für andere Maschinen gültig und mit Unterschrift nur bzw. auch für den Empfänger gültig, sofern es sich dabei nicht um eine Maschine handelt.

O Dieser Brief ist gar kein Schreiben, da er nicht unterschrieben wurde, denn Schreiben erfordern die Schriftform, also eine handschriftliche und lesbare Unterschrift des Verfassers.

O Mir doch egal!“ [104]

[104] https://gelberschein.net/wertvolles; https://gelberschein.net/?page=5

51. „Deutschland steht Kopf!“: [105]

„Eine hübsche kleine Zusammenfassung einiger wesentlicher Realitäten bzgl. der bundesrepublikanischen Treuhandverwaltung, also der **Republik des Bundes**!“ [106]

[105] https://gelberschein.net/wertvolles; https://gelberschein.net/?page=5
[106] https://gelberschein.net/wertvolles; https://gelberschein.net/?page=5

52. „Besitz einer (der) deutschen Staatsangehörigkeit(en)“: [107]

„In diesem Video spricht Alexander Wagandt über die deutsche(n) Staatsangehörigkeit(en) und deren Besitz.“ [108]

[107] https://gelberschein.net/wertvolles; https://gelberschein.net/?page=5
[108] https://gelberschein.net/wertvolles; https://gelberschein.net/?page=5

53. „Qualitätsjournalismus – Die Anstalt 29.04.2014“: [109]

„Im Kabarett ist es noch möglich, so manche Wahrheit auszusprechen, obwohl den Protagonisten in diesem Falle seitens der von Ihnen bloßgestellten Medienkollegen seither auch das Leben schwer gemacht wird.

Diesen Sumpf gilt es ebenfalls trocken zu legen, unter anderem eben auch mit Hilfe des `Gelben Scheins´!“[110]

[109] https://gelberschein.net/wertvolles; https://gelberschein.net/?page=5
[110] https://gelberschein.net/wertvolles; https://gelberschein.net/?page=5

54. „Reinhard Mey – Sei wachsam“: [111]

„An der einen oder anderen Stelle unterliegt der gute Reinhard hier - nach einhelliger Meinung der Redaktion - der einen oder anderen und mehr oder weniger schwerwiegenden Fehleinschätzung der Realitäten, aber dennoch ist es ein äußerst wertvolles Kunstwerk!“ [112]

[111] https://gelberschein.net/wertvolles; https://gelberschein.net/?page=5
[112] https://gelberschein.net/wertvolles; https://gelberschein.net/?page=5

55. „Reinhard Mey – Das Narrenschiff“: [113]

„Wer hier mit `Steuerdieb´ gemeint ist, müßte im Detail noch geklärt werden, ansonsten kann man sich vor dieser Offenheit nur verneigen...“ [114]

[113] https://gelberschein.net/wertvolles; https://gelberschein.net/?page=5
[114] https://gelberschein.net/wertvolles; https://gelberschein.net/?page=5

56. „Carlo Schmid: `Wir haben keinen Staat zu errichten!´“:[115]

"`Wir haben unter Bestätigung der alliierten Vorbehalte das Grundgesetz zur Organisation der heute freigegebenen Hoheitsbefugnisse des Deutschen Volkes in einem Teile Deutschlands zu beraten und zu beschließen. Wir haben nicht die Verfassung Deutschlands oder West-Deutschlands zu machen, wir haben keinen Staat zu errichten.´“[116]

„Die vollständige Rede finden Sie hier:

CARLO SCHMID (SPD): GRUNDSATZREDE VOR DEM PARLAMENTARISCHEN RAT (08.09.1948)“[117]

[115] https://gelberschein.net/historisches; https://gelberschein.net/?page=2
[116] https://gelberschein.net/historisches; https://gelberschein.net/?page=2
[117] https://gelberschein.net/historisches; https://gelberschein.net/?page=2

"`Wenn man einen solchen Zustand nicht will, dann muß man eben dagegen handeln wollen.

DIES WÄRE DANN ALLERDINGS SACHE DES DEUTSCHEN VOLKES SELBST !´" [118]

[118] https://gelberschein.net/historisches; https://gelberschein.net/?page=2

IV. Gesetze:

1. „Original RuStAG vom 22. Juli 1913“:[119]

„Durch die Geburt erwirbt das eheliche Kind eines Deutschen die Staatsangehörigkeit des Vaters, das uneheliche Kind einer Deutschen die Staatsangehörigkeit der Mutter.“[120]

[119] https://gelberschein.net/historisches; https://gelberschein.net/?page=2

[120] Reichgs-Gesetzblatt, Jahrgang 1913, Nr. 46, Blatt 584, Zweiter Abschnitt, Staatsangehörigkeit in einem Bundesstaate, § 4, siehe: https://gelberschein.net/historisches; https://gelberschein.net/?page=2

2. „Verordnung über die `deutsche Staatsangehörigkeit´ vom 5. Februar 1934“: [121]

„(1) Die Staatsangehörigkeit in den deutschen Ländern fällt fort.
(2) Es gibt nur noch eine deutsche Staatsangehörigkeit (Reichsangehörigkeit).“ [122]

„Hierzu einige ergänzende und die tatsächlichen Zusammenhänge besser verstehen helfende Fakten bzw. Hinweise:

1. Dies ist lediglich eine Verordnung, KEIN GESETZ!
2. DIE "deutsche Staatsangehörigkeit" = UNMITTELBARE REICHSANGEHÖRIGKEIT
3. Die Staatsangehörigkeit in den LÄNDERN fällt fort - NICHT DIE IN DEN BUNDESSTAATEN!“ [123]

[121] https://gelberschein.net/historisches; https://gelberschein.net/?page=2
[122] Verordnung über die deutsche Staatsangehörigkeit. Vom 5. Februar 1934, Nr. 14, Tag der Ausgabe: Berlin, den 6. Februar 1934, Blatt 85, § 1, siehe: https://gelberschein.net/historisches; https://gelberschein.net/?page=2
[123] https://gelberschein.net/historisches; https://gelberschein.net/?page=2

3. BRD-"Gesetz" zur Staatsangehörigkeit (Stand 15. Juli 1999): [124]

„Gesetz zur Reform des Staatsangehörigkeitsrechts“ [125]

[124] (sog. STAG), siehe: https://gelberschein.net/historisches; https://gelberschein.net/?page=2
[125] Bundesgesetzblatt 1617, Teil I, G 5702, 1999, Nr. 38, Ausgegeben zu Bonn am 23. Juli 1999, S. 1618ff., siehe: https://gelberschein.net/historisches; https://gelberschein.net/?page=2

4. „2 Plus 4 Vertrag Original“: [126]

„Hier sehen Sie im Vergleich die `Unterschriften´ des damaligen Bundesministers des Auswärtigen, Hans-Dietrich Genscher, einmal unter dem 2 Plus 4 Vertrag an sich (links) und einmal unter der entsprechenden Ratifizierungsurkunde (rechts), bei deren Unterzeichnung er das Unterschreiben wohl inzwischen verlernt haben muß... Diesbezügliche Parallelen zu den üblichen Gepflogenheiten der Bediensteten unserer Verwaltung sind selbstverständlich rein zufällig...

Man beachte auch das schemenhaft zu erkennende `Broiler´-Siegel, den Gummi-Adler mit den 7 Federn an jeder Schwinge!

Den vollständigen Vertrag, der eben KEIN Friedensvertrag ist, finden Sie hier:

VERTRAGSTEXT ORGINAL (34 MB)“ [127]

[126] https://gelberschein.net/historisches; https://gelberschein.net/?page=2
[127] https://gelberschein.net/historisches; https://gelberschein.net/?page=2

5. „Das sagt das Bayerische Innenministerium zur Aussagekraft von Personalausweis und Reisepaß:“ [128]

„Nachweis (Staatsangehörigkeitsurkunden)

Die deutsche Staatsangehörigkeit kann durch eine Staatsangehörigkeitsurkunde (Staatsangehörigkeitsausweis) nachgewiesen werden. Sie wird auf Antrag von der Staatsangehörigkeitsbehörde ausgestellt. Der Bundespersonalausweis oder der deutsche Reisepass sind kein Nachweis über den Besitz der deutschen Staatsangehörigkeit. Sie begründen lediglich die Vermutung, dass der Ausweisinhaber die deutsche Staatsangehörigkeit besitzt.

Im Regelfall wird die deutsche Staatsangehörigkeit durch Abstammung erworben, wenn zumindest ein Elternteil deutscher Staatsangehöriger ist. (…)

Der Antrag ist bei der Staatsangehörigkeitsbehörde (Kreisverwaltungsbehörde) einzureichen. Antragsvordrucke sind beide den Kreisverwaltungsbehörden (Landratsamt, kreisfreie Stadt) zu erhalten. Ein amtlicher Vordruck ist nicht eingeführt.“ [129]

[„Diese Seite hat das bayerische Innenministerium mittlerweile aus dem

[128] https://gelberschein.net/historisches; https://gelberschein.net/?page=2
[129] https://gelberschein.net/historisches; https://gelberschein.net/?page=2;

Netz genommen. So genau soll es nun doch nicht jeder wissen. Allerdings hat die Aussage nach wie vor Gültigkeit (siehe nachfolgende Dokumente).

LANDKREIS OBERALLGÄU STAATSANGEHÖRIGKEITSAUSWEIS

ASCHAFFENBURG ONLINE STAATSANGEHÖRIGKEITSAUSWEIS“ [130]]

„Antwort eines Ministerialrates aus dem bayerischen Innenministerium auf die Frage, warum diese Seite aus dem Netz genommen wurde:

\`Wie Ihnen bekannt sein dürfte, wurde der Internetauftritt des Bayerischen Staatsministeriums des Innern kürzlich völlig neu gestaltet. Diese Neugestaltung haben wir im Bereich des Staatsangehörigkeitsrechts zum Anlass genommen, unsere Informationen zur Einbürgerung und zum Staatsangehörigkeitsrecht praxis- und zielgruppengerecht redaktionell zu überarbeiten. Der von ihnen zitierte Absatz über den Nachweis der deutschen Staatsangehörigkeit wurde dabei zwar nicht mehr aufgenommen. Die dort getroffenen Aussagen, dass die deutsche Staatsangehörigkeit durch eine Staatsangehörigkeitsurkunde (Staatsangehörigkeitsausweis)

[130] https://gelberschein.net/historisches; https://gelberschein.net/?page=2;

nachgewiesen werden kann, die auf Antrag von der Staatsangehörigkeitsbehörde ausgestellt wird, und dass der Bundespersonalausweis oder deutsche Reisepass kein Nachweis über den Besitz der deutschen Staatsangehörigkeit sind, sondern lediglich die Vermutung begründen, dass der Ausweisinhaber die deutsche Staatsangehörigkeit besitzt, sind mangels Änderung der Rechtslage aber nach wie vor zutreffend.

Im Übrigen besitzt die Europäische Union keine Regelungskompetenz bezüglich der Staatsangehörigkeiten ihrer Mitgliedstaaten. Nach Artikel 20 Abs. 1 Satz 2 des Vertrages über die Arbeitsweise der Europäischen Union (AEUV) ist Unionsbürger, wer die Staatsangehörigkeit eines Mitgliedstaats besitzt. Die Unionsbürgerschaft tritt zur nationalen Staatsbürgerschaft hinzu, ersetzt diese aber nicht (Artikel 20 Abs. 1 Satz 3 AEUV).

Ministerialrat

Bayerisches Staatsministerium des Innern

Odeonsplatz 3

80539 München“ [131]

[131] https://gelberschein.net/historisches; https://gelberschein.net/?page=2;

[„Man beachte außerdem die interessante Aussage zur Regelungskompetenz der EU in Sachen Staatsangehörigkeiten.“ [132]]

---

[132] https://gelberschein.net/historisches; https://gelberschein.net/?page=2;

6. „Wichtiges zum gelben Schein!:“ [133]

„Die Bundesrepublik kann die deutsche Staatsangehörigkeit nicht definieren. Das Bundesverfassungsgericht verbietet die Verfügung über Deutschland als Ganzes.“[134]

[„Dieses Dokument zeigt gleichzeitig ganz eindeutig warum der `Gelbe Schein´ eben nicht pauschal DIE `gefürchtete DEUTSCHE STAATSANGEHÖRIGKEIT´ bestätigt sondern nur, daß der Inhaber deutscher Staatsangehöriger ist. Mehr zur genauen Rechtsstellung ergibt sich dann aus dem Eintrag im Register EStA. Mit diesem Dokument hat man nun auch den Beweis, falls ihn noch jemand braucht.“] [135]

---

[133] https://gelberschein.net/historisches; https://gelberschein.net/?page=2;
[134] In: E. Röper, Die öffentliche Verwaltung, 1988, S. 488ff., vgl. http://www.zaoerv.de: Max-Planck-Institut für ausländisches öffentliches Recht und Völkerrecht; https://gelberschein.net/historisches; https://gelberschein.net/?page=2;
[135] https://gelberschein.net/historisches; https://gelberschein.net/?page=2;

V. Nachwort:

„Liebe Bediensteten der Staatsangehörigkeits- / Ausländerbehörden,

wir wissen, daß das [...] Dokument nur beispielhaft eines von vielen ist, welche aus den unterschiedlichsten sog. `Ministerien´ in Kreisen der Bediensteten die Runde machen und wir möchten Euch klar und deutlich, sowie unmißverständlich sagen: **ES REICHT!**

Wenn Ihr kein Problem damit habt, Euch von Euren Vorgesetzten systematisch und vorsätzlich kriminalisieren und zum zweckdienlichen Narren halten zu lassen, dann ist das Euer Vergnügen... **ABER DANN LEBT AUCH MIT DEN KONSEQUENZEN!**

Als da wären z.B.:

- Dienst- und Fachaufsichtsbeschwerden
- Strafanzeigen
- Strafanträge
- Strafverfolgungsanträge

Für alle diejenigen unter Euch, die jetzt vielleicht ein verschmitztes Grinsen im Gesicht haben mögen:

Wir wissen auch, daß der Politik- und Justizfilz Euch (noch) - und zwar aus reinem Eigennutz - schützt, aber die Einstellungsbeschlüsse oder sonstigen Abwiegelungen der Staatsanwaltschaften in solchen Fällen tätig zu werden, sind entweder gar nicht erst unterschrieben oder aus sonstigen Gründen nicht justiziabel!

Somit liegen hier dann weiterhin offene Verfahren vor, welche nach einer erfolgten Trockenlegung dieser Sümpfe fortgesetzt werden.

Ein kleiner Witz zwischendurch zur Auflockerung, welcher jedoch schon ziemlich bald Realität werden könnte...

Treffen sich im Jahre 2033 zwei Penner unter der Brücke, fragt der eine den anderen: `Na, auch Verwandtschaft bei den sog. >Beamten< gehabt?´

Eure Haftung erstreckt sich nämlich bis in die 3. Generation!

WACHT ENDLICH AUF, BEVOR ES ENDGÜLTIG ZU SPÄT IST!

Schutz vor Euren `Dienstherrchen´ bietet Euch u.a. sogar das Gesetz selbst, welches Ihr mehr und mehr durch haltlose Empfehlungen, Weisungen und sonstigen Flugblättern aus irgendwelchen sog. `Ministerien´ nicht nur beugen, sondern inzwischen sogar offen brechen sollt... und Ihr tut es auch noch willfährig und ohne die Dinge zu hinterfragen... so wie schon die Mauerschützen an der ehemaligen mitteldeutschen Grenze... unglaublich... vielleicht beschäftigt Ihr euch einfach mal mit deren späteren Schicksal!

§ 36 BeamtStG - Verantwortung für die Rechtmäßigkeit

(1) Beamtinnen und Beamte tragen für die Rechtmäßigkeit ihrer dienstlichen Handlungen die volle persönliche Verantwortung. (2) Bedenken gegen die Rechtmäßigkeit dienstlicher Anordnungen haben Beamtinnen und Beamte unverzüglich auf dem Dienstweg geltend zu machen. Wird die Anordnung aufrechterhalten, haben sie sich, wenn die Bedenken fortbestehen, an die nächst höhere Vorgesetzte oder den nächst höheren Vorgesetzten zu wenden. Wird die Anordnung bestätigt, müssen die Beamtinnen und Beamten sie ausführen und sind von der eigenen Verantwortung befreit. Dies gilt nicht, wenn das aufgetragene Verhalten die Würde des Menschen verletzt oder strafbar oder ordnungswidrig ist und die Strafbarkeit oder Ordnungswidrigkeit für die

Beamtinnen oder Beamten erkennbar ist. Die Bestätigung hat auf Verlangen schriftlich zu erfolgen.
(3) Wird von den Beamtinnen oder Beamten die sofortige Ausführung der Anordnung verlangt, weil Gefahr im Verzug besteht und die Entscheidung der oder des höheren Vorgesetzten nicht rechtzeitig herbeigeführt werden kann, gilt Absatz 2 Satz 3 und 4 entsprechend.

WIR versuchen Aufklärung zu betreiben, auch und insbesondere Euch gegenüber!
WIR versuchen Rechtsstaatlichkeit wiederherzustellen bzw. bestehen schlicht und ergreifend auf die Anwendung von Recht und Gesetz!
WIR sind Bundesstaatsangehörige!
WIR wollen ein friedliches Zusammenleben!

IHR weigert Euch nach wie vor noch viel zu oft SELBST hinzusehen und hinzuhören!
IHR untergrabt die Rechtsstaatlichkeit, indem Ihr Recht und Gesetz auf Empfehlung der Politik hin brecht!
IHR seid demnach per Definition die sog. "Reichsbürger", von denen innerhalb des Flugblatts der Berliner Verfassungsschutzbehörde die Rede ist!

IHR provoziert durch Euer willfähriges Duckmäusertum einen wütenden Mob herauf, von dem WIR uns übrigens gar nicht weit genug distanzieren können und vor dem Euch auch kein Notausgang retten wird, denn ein Fenster liegt oft näher und nicht jedes Büro befindet sich im Erdgeschoß!

WIR wollen eine lebenswerte Zukunft für unsere Kinder und Kindeskinder und würden EUCH und EURE FAMILIEN dabei gerne mitnehmen!

Aber wie auch immer Ihr Euch entscheidet, WIR sind das Volk... und Ihr unsere (leider oft zum Teil korrupten, kollaborierenden und kriminellen) Bediensteten... doch wir würden uns sehr freuen, wenn Ihr endlich wieder Teil des Volkes werden würdet!

`Es gibt kein gutmütigeres, aber auch kein leichtgläubigeres Volk als das deutsche. Keine Lüge kann grob genug ersonnen werden, die Deutschen glauben sie.
Um eine Parole, die man ihnen gab, verfolgen sie ihre Landsleute mit größerer Erbitterung als ihre wirklichen Feinde.´
(Napoleon Bonaparte)

LASST IHN UNS ALLE GEMEINSAM EINES BESSEREN BELEHREN!" [136]

[136] https://gelberschein.net/aktuelles; https://gelberschein.net/?page=4

MIX
Papier aus verantwortungsvollen Quellen
Paper from responsible sources
FSC® C105338

Printed by Books on Demand GmbH, Norderstedt / Germany